Schreiblehrgang

Vereinfachte Ausgangsschrift

von
Ursula Brinkmann
Gabriele Müller

mit Illustrationen von
Eva Czerwenka und
Yo Rühmer

Cornelsen

So geht es:

Ich zeige dir hier,
wie du mit dem Heft
arbeiten kannst.

Hellgraue Schrift
bedeutet immer:
nachspuren.

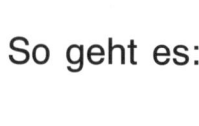

Der Punkt
im Buchstaben
zeigt dir,
wo du mit
dem Stift
ansetzen sollst ...

... so ist es auch
mit den Punkten
in den Linien.

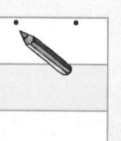

An diesen Stellen
sollst du den
Stift neu
ansetzen:

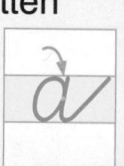

Die Pfeile an den
Buchstaben zeigen dir,
in welche Richtung es geht.
Der erste Pfeil hat
immer einen Punkt.

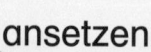

So kommst du in Schwung:

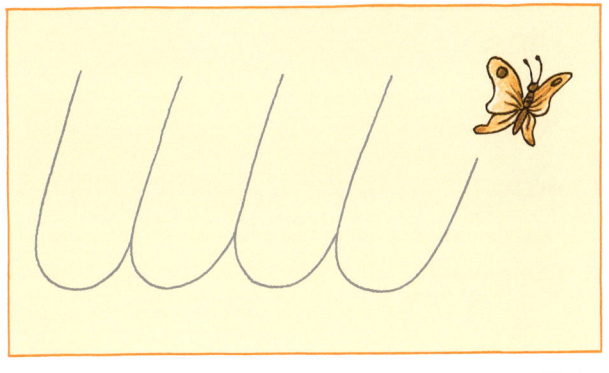
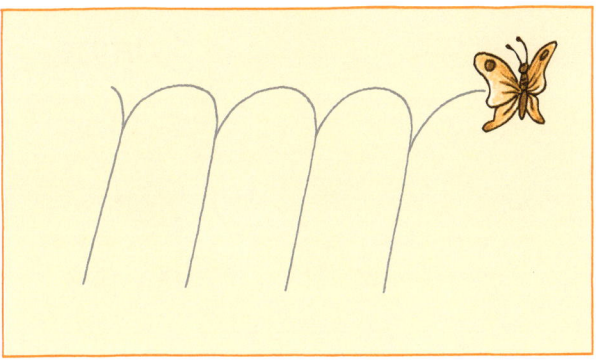

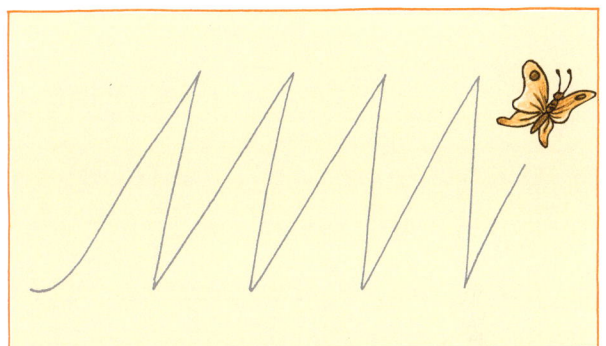

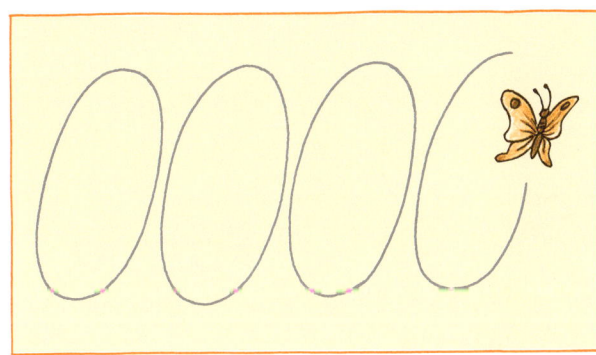
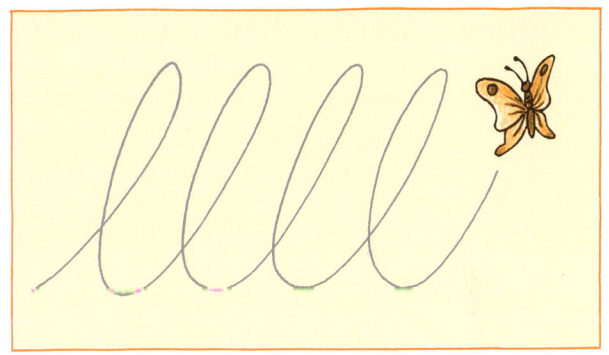

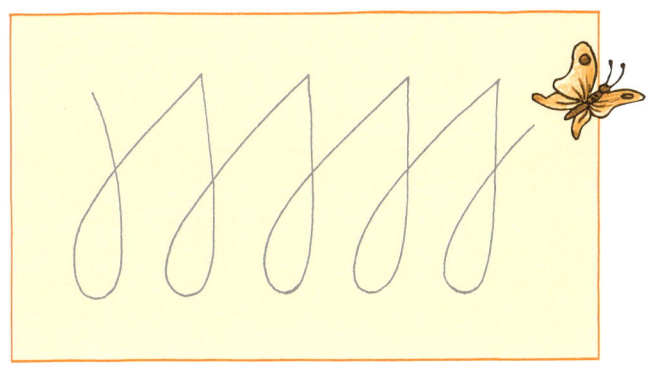

Male die Linien:

🐾 in die Luft

🐾 auf den Rücken
   eines anderen Kindes

🐾 an die Tafel

🐾 in Sand

🐾 auf Papier

3

Verbinde die gleichen Wörter.

Sonne	**Lampe**	Pinsel	*Tafel*
Lampe	**Sonne**	Raupe	*Domino*
Wolke	**Zelt**	Tafel	*Raupe*
Zelt	**Wolke**	Domino	*Pinsel*

Schere	**Auto**	Gabel	*Jo-Jo*
Auto	**Banane**	Jo-Jo	*Fisch*
Banane	**Ampel**	Öffner	*Gabel*
Ampel	**Schere**	Fisch	*Öffner*

Sammle Unterschriften.

Fatma

Tim

Versuche es und schreibe deinen Namen in Schreibschrift.

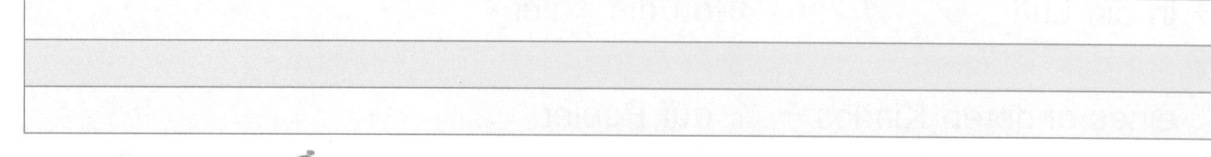

4

I i

Igel
Igel

Indianer *Indianer*

Umkreise deinen schönsten Buchstaben.

U u

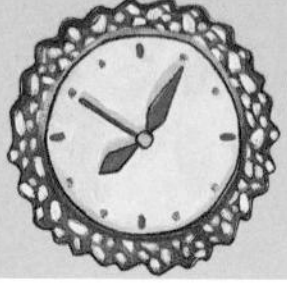

Uhr
Uhr

U u

U u

U u

Unfall *Unfall*

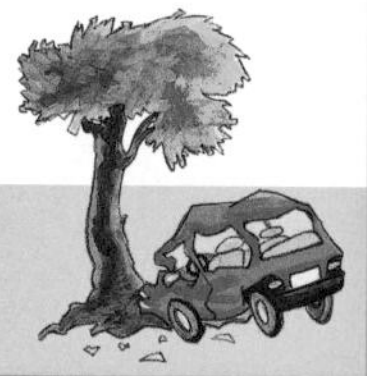

U

u

U

u

U u U

u U u

u u U U

U

u

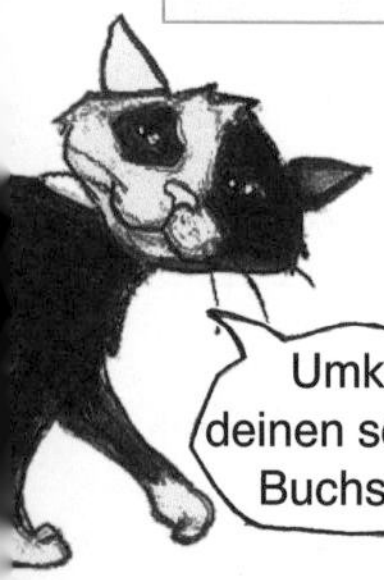

Umkreise deinen schönsten Buchstaben.

N n

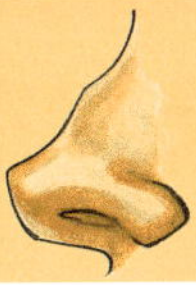

Nase
Nase

N n

N   n

N

n

N · · · · · · · · · N

n · · · · · · · · · n

N n N   N n N

i n   i n

i n   i n

n u n   n u n

n u n   n u n

N   N

n   n

Umkreise deinen schönsten Buchstaben.

7

M m   Maus
Maus

M   m

m

M

M   M

m   m

M m M   M m M

i m   i m

im   im

u m   u m

um   um

M   M

m   m

8

A a

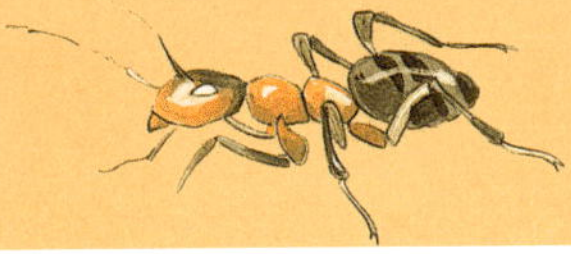

Ameise
Ameise

$\mathcal{A}$ *a*

A

a

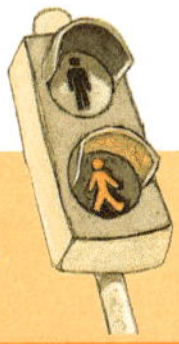

Ampel *Ampel*

$\mathcal{A}$ *ä*

$\mathcal{A}$ · · · · · · · · · $\mathcal{A}$

a · · · · · · · · *a*

Au   *Au*

au   *au*

an   *an*

Anna   *Anna*

Mama   *Mama*

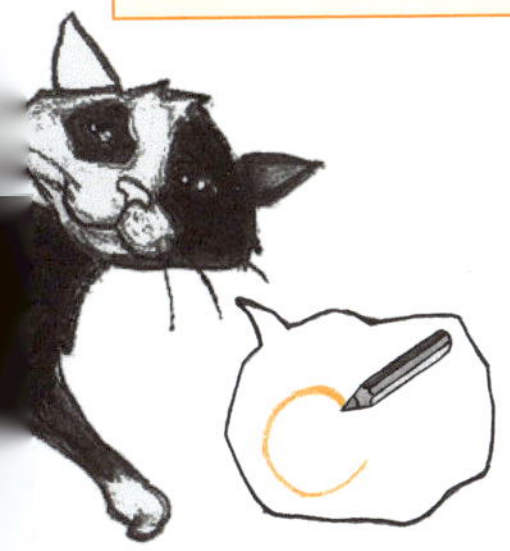

A   *A*

a   *a*

D d

Domino
Domino

D   d

d

D

D   D

d   d

Dana   Dana

da   da

dann   dann

du   du

und   und

D   D

d   d

du   du

d u m m   d u m m

dumm   dumm

na nu   na nu

nanu   nanu

Mund

Ida

Mann

Anna

und   nun

dünn   und

nun   dünn

dann   dann

11

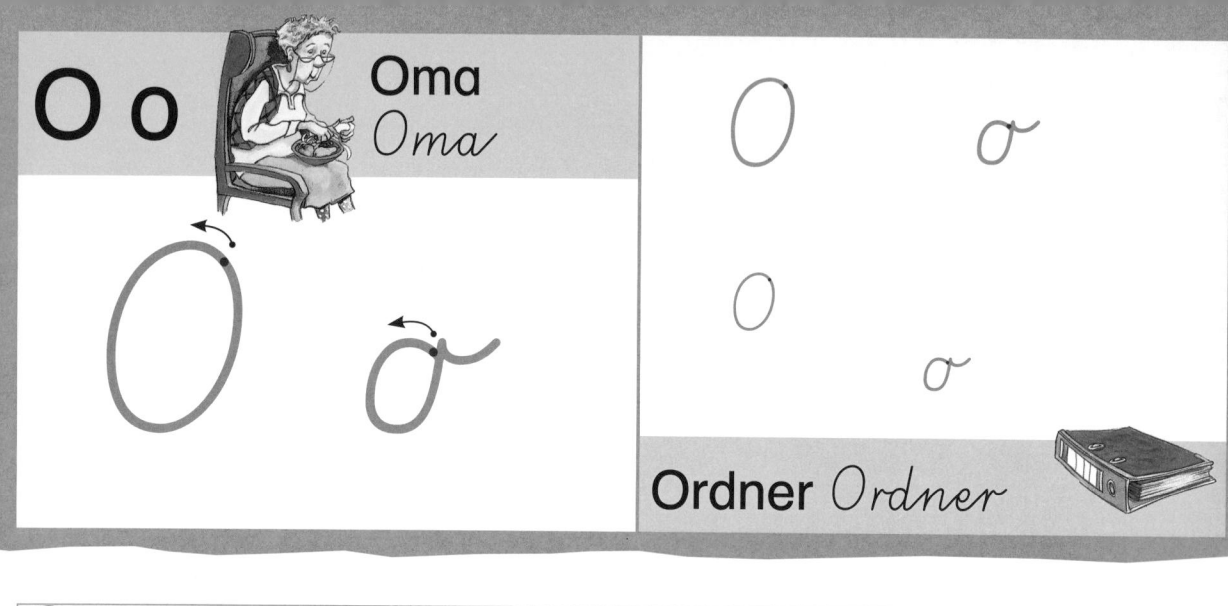

O o

Oma *Oma*

O o

O o

O o

Ordner *Ordner*

O O

o o

Oma Oma

Oma Oma

Dino Dino

Dino Dino

Mond Mond

Mond Mond

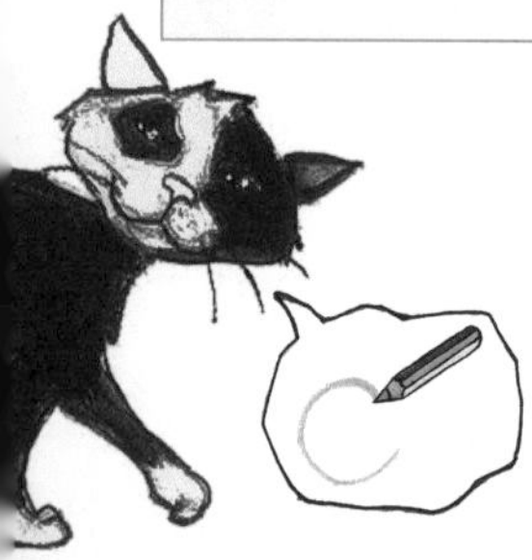

O O

o o

in   in

am   am

Nino   Nino

Mona   Mona

Adam   Adam

Mond

Dino

Mami

Omi

Mo mo

Momo

Do mi no

Domino

E e
Esel *Esel*

Ente *Ente*

$\mathcal{E}$ · · · · · · · · · · · $\mathcal{E}$

e · · · · · · · · · · e

$\mathcal{E}u\ eu$ $\mathcal{E}u\ eu$

$\mathcal{E}i\ ei$ $\mathcal{E}i\ ei$

$\mathcal{E}nde$ $\mathcal{E}nde$

ein ein

$nein$ $nein$

$deine$ $deine$

$\mathcal{E}$ $\mathcal{E}$

e e

Name

Ei

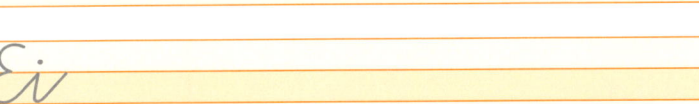

Daumen

neu	neu
neun	neun
müde	müde
meine	meine
dem	dem
den	den

| ein | | eine | | |

T t Tafel *Tafel*

T   T

1   1

Tim   Tim

Tinto   Tinto

Tante   Tante

tun   tun

mit   mit

nett   nett

T   T

1   1

Te _____ Te

Ta _____ Ta

Ti _____ Ti

To _____ To

U Ta   Uta

Au To

Tin To

Tan Te

Mut Ti

En
No
Tin   Te
Tu

Ente

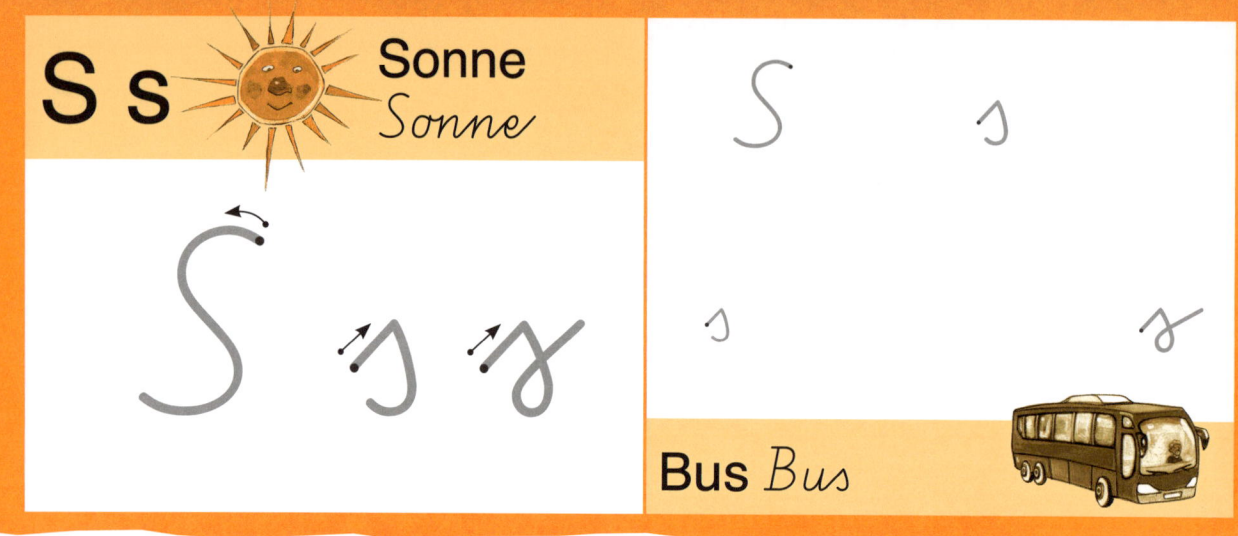

S s

Sonne
Sonne

S s s

S s s s

Bus *Bus*

S S

s s

Sand Sand

aus aus

das das

sind sind

sie sie

so so

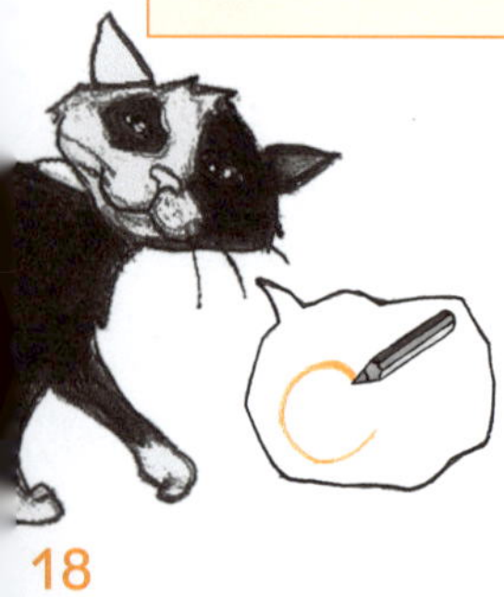

S S

s s s s

ss ss

nn nn

mm mm

ll ll

Asse

Tasse

Sonne

Summe

Matte

mmm mm

essen müssen summen

nass nett satt dünn

19

st st

ist ist

Mist Mist

Stadt

Äste

Nest

Stein

Tim ist satt.

Tinto ist nass.

Diamanten sind selten.

Von unten nach oben!

N M

A

Nase   Maus   Ananas

Nase

Ein schöner Bogen …

O

E S

Osten   Ende   Seite

Von oben nach unten!

T

D

Dose   Tomate

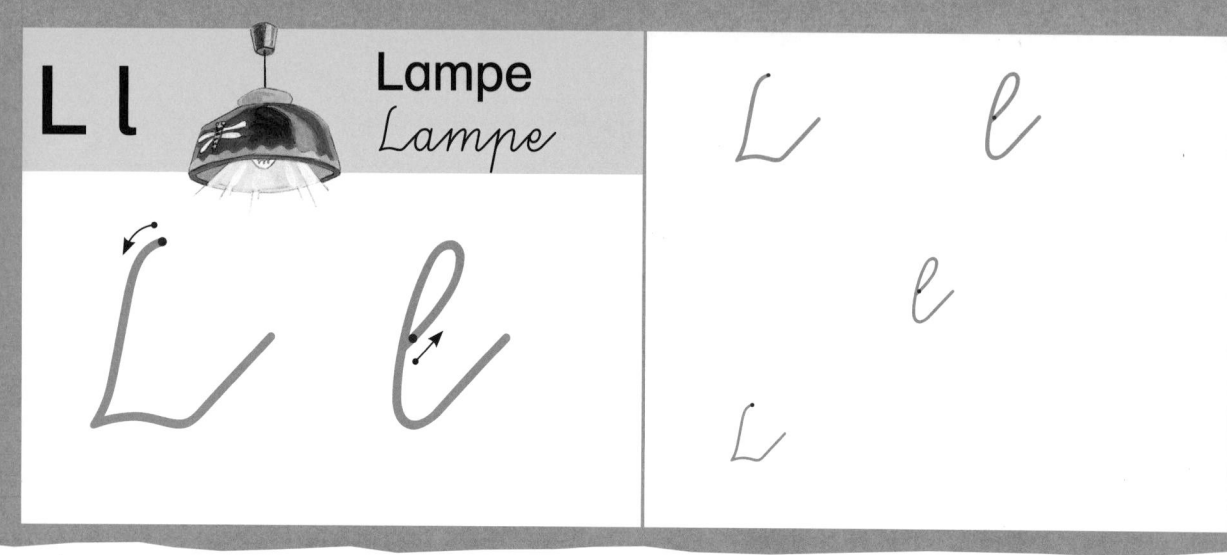

L l

Lampe
Lampe

L l

L l

Lena

Leo

toll

leise

lassen

sollen

L l

laut

Umkreise dein Schönstes!

22

alt alt

los los

Lama Lama

Leute Leute

Lisa liest so leise.

Ist das leise!

Lena malt ein lila Lama.

stellen

stellen

lesen

landen

malen

B b   Banane
Banane

B   b

B

B   b

B   b

Blatt   Blatt

Ball   Ball

Boot   Boot

bin   bin

lieb   lieb

bald   bald

B b   B b

blau   blau

24

bleiben   bleiben

lieben   lieben

leben   leben

loben   loben

Sprich schnell!

Blaue Blumen bleiben blau.

Bodo badet bunte Bälle.

baden — baden

Blume

bellen

Bein

bauen

Bus

blasen

Bett

F f — Fisch
Fisch

F	F
f	f
Fluss	Fluss
Film	Film
Fatma	Fatma
laufen	laufen
fein	fein
fünf	fünf
Ff	Ff
elf	elf

faul　　　　　　　　　　　　　　　　　　　　　　　faul

fest　　　　　　　　　　　　　　　　　　　　　　　fest

Foto　　　　　　　　　　　　　　　　　　　　　　　Foto

Tim ist auf dem Fluss.

Tinto findet eine Maus.

So ein Auto fällt auf.

falten

Flöte

füllen

Familie

fühlen

Elefant

27

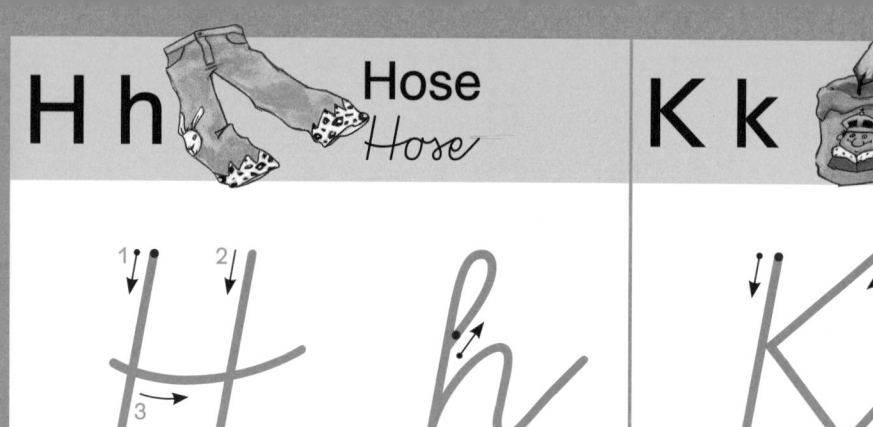

H h — Hose — *Hose*

K k — Kerze — *Kerze*

H   H

K   K

h   h

k   k

Heft   Heft

holen   holen

Kamel   Kamel

kalt   kalt

H h   H h

K k   K k

halten   halten

kommen   kommen

können   können

Lena liebt kleine Hunde.

Kai kauft heute Käse ein.

sieben kesse Hasen

sieben

ein halbes Haus

eine helle Hose

eine Tasse Kaffee

Floh   Floh

Affe   Affe

Haken   Haken

Kiste   Kiste

Kas ⟩ se   Kasse
Küs

Hun ⟩ de
Hän

Das Heft ist dünn.

Das

Die Hütte ist klein.

Der Himmel ist blau.

Die Kelle ist nass.

30

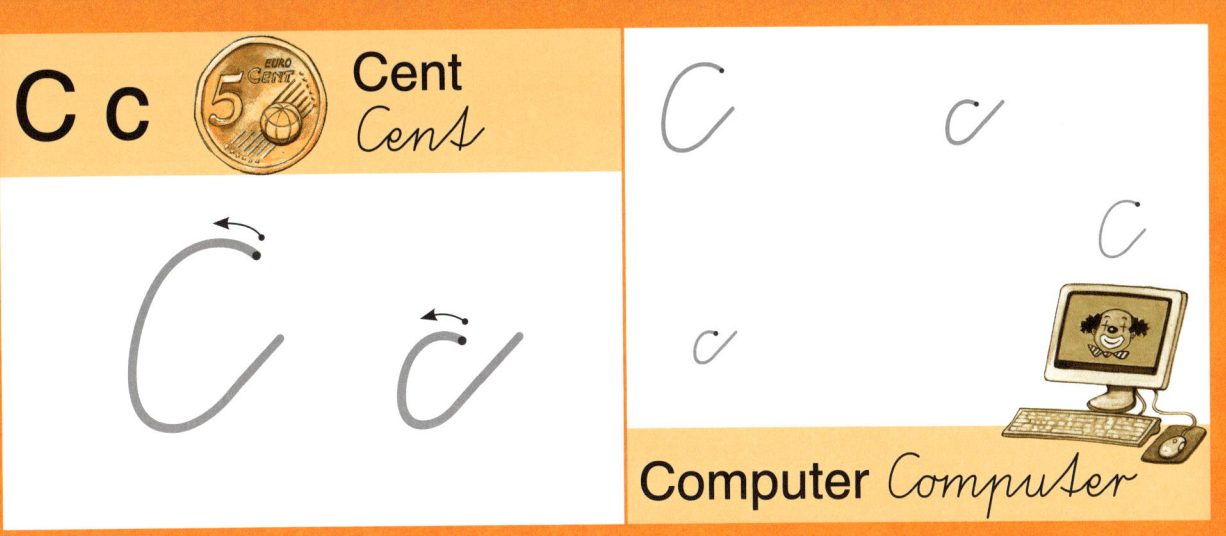

C c Cent · *Cent*

Computer *Computer*

Cc · · · · · · cC

Ch ch   ch Ch

ck   ck

Sch sch   Sch sch

Comic   Comic

ich   ich

Ecke   Ecke

schön   schön

ch ck   ch ck

Schule   Schule

la
ma ⟩chen

lachen

tau
lau ⟩schen

Lena malt sechs Dackel.

Tim deckt den Tisch.

Fatma sammelt Muscheln.

ch

Dach

Sch sch

Dach

Milch

Fisch

Nacht

Schloss

Flasche

Kuchen

Hirsch

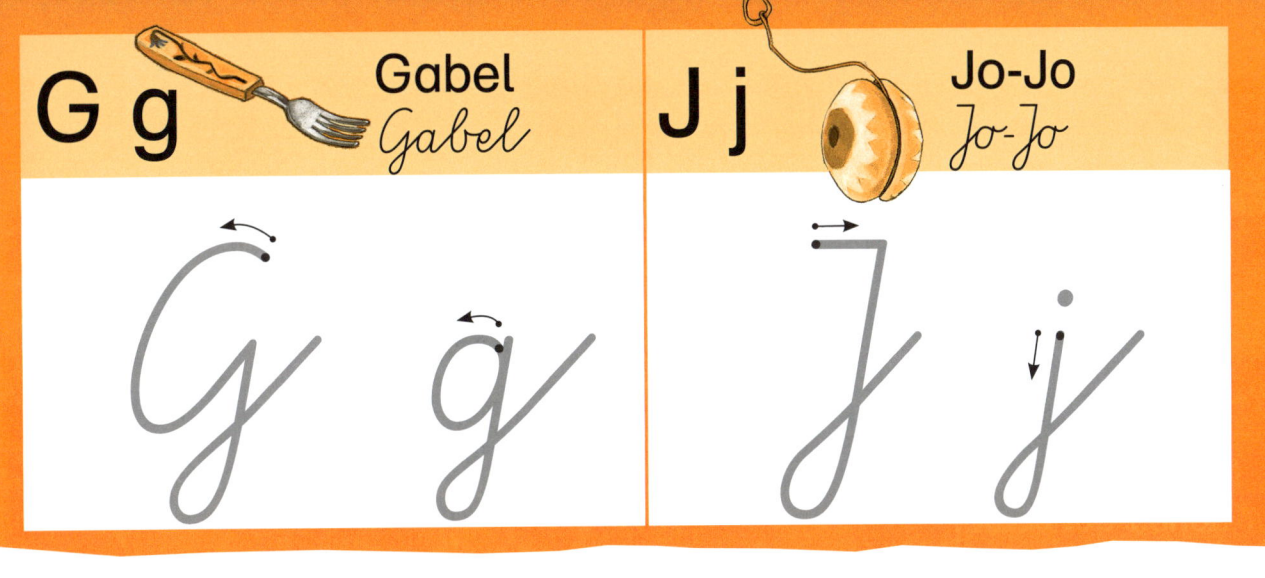

G g Gabel *Gabel*

J j Jo-Jo *Jo-Jo*

G   g

J   j

Geld   Geld

geben   geben

Jonas   Jonas

ja   ja

jede   jede

jagen   jagen

Jj   Jj

Gg   Gg

fan
flie
lie
} gen

fangen

Jonas übt Jo-Jo,

übt jeden Tag.

Jonas übt Jo-Jo,

– da Jonas das mag.

G g

J j

Jo-Jo

Jonas

gehen

Glas

Jacke

Iglu

sagen

jubeln

legen

gehen

geben

liegen

Tim fegt jeden Tag die Küche.

Igel jagen im Juni Schnecken.

Jonas hat im Iglu eine Jacke an.

ng

singen

nk

Bank

Schrank

Klingel

Schlange

~~singen~~

Junge

Geschenke

krank

35

P   Pinsel   *Pinsel*

R r   Raupe   *Raupe*

P   r

R   r

Pause   Pause

Puppe   Puppe

prima   prima

Raum   Raum

rufen   rufen

fragen   fragen

P p   P p

R r   R r

packen   *packen*

pfeifen   *pfeifen*

rollen   *rollen*

raten   *raten*

reden   *reden*

Professoren plaudern prima.

Sprich schnell!

Rostige Ritter reiten ruppig.

Schraube · Regen · ~~Rüssel~~ · Reh · Pirat · Papier · Regal · Rad · Schere
Uhr · Tür · Turm

der	*die*	*das*
Rüssel		

37

re re   *re re*

reisen   *reisen*

sp   *sp*

sprechen   *sprechen*

Rüben · ~~Roller~~ · Jäger · Riese · Räder

Roller

Das Känguru, das Känguru,
das hüpft sehr hoch auch ohne Schuh.

ß Fuß
Fuß

ß   ß

ß   ß

ß · · · · · · · · · ß

ß · · · · · · · · · ß

uß   uß

oß   oß

Fuß   Fuß

Gruß   Gruß

groß   groß

Soße   Soße

ß ß   ß ß

fließen   fließen

39

gießen	–	sch
groß	–	Fl
Fuß	–	Gr
dreißig	–	fl
beißen	–	rei

Du schreibst mir einen Gruß.

Ich steh auf einem …

Wir bauen uns ein Floß.

Der Riese ist sehr …

Ich schicke dir liebe Grüße –
für dich und deine Füße.

V v Vogel *Vogel*

W w Wolke *Wolke*

V   v

W   w

Vogel   Vogel

vor   vor

von   von

viel   viel

Wasser   Wasser

weiß   weiß

V v   V v

W w   W w

Wald – Wälder

Welt – Welten

Wand – Wände

Wort – Worte

Der, die, das, – wer, wie, was,

wieso, weshalb, warum ?

Wer nicht fragt, bleibt dumm.

Wenn ich weiß, was du weißt
und du weißt, was ich weiß,
dann weiß ich, was du weißt
und du weißt, was ich weiß.

Vogel   Vogel

vorn   vorn

voll   voll

vorher   vorher

vorbei   vorbei

ver
    \
     > laufen
    /
vor

      lesen
     /
vor
     \
      machen

Warum fressen Löwen rohes Fleisch?
Weil sie nicht kochen können.

Z z Zaun
Zaun

Z   *ʒ*

ʒ

z

Z		Z

| *ʒ* | | *ʒ* |

| *1ʒ* | | *1ʒ* |

| Zahl | | Zahl |

| Zaun | | Zaun |

| zu | | zu |

| zur | | zur |

| Katze | | Katze |

| Z ʒ 1ʒ | | Z ʒ 1ʒ |

| Herz | | Herz |

Wenn zwanzig Blitze blitzen,

dann müssen Fritz und Fritzi

schnell nach Hause flitzen.

---

z

März

tz

März Herz

Pflanze

Spritze

Kerze

Spatz

Katze

Witz

---

z

kurz

tz

März ~~kurz~~

tanzen   ~~kurz~~

sitzen   walzen

winzig

putzen

petzen

kitzeln

Qu qu — Qualle

Qu   qu

Qu   qu

Qu

qu

Qu   Qu

qu   qu

Quelle   Quelle

Quark   Quark

Quadrat   Quadrat

Qualm   Qualm

quieken   quieken

quaken   quaken

Qu qu   Qu qu

quer   quer

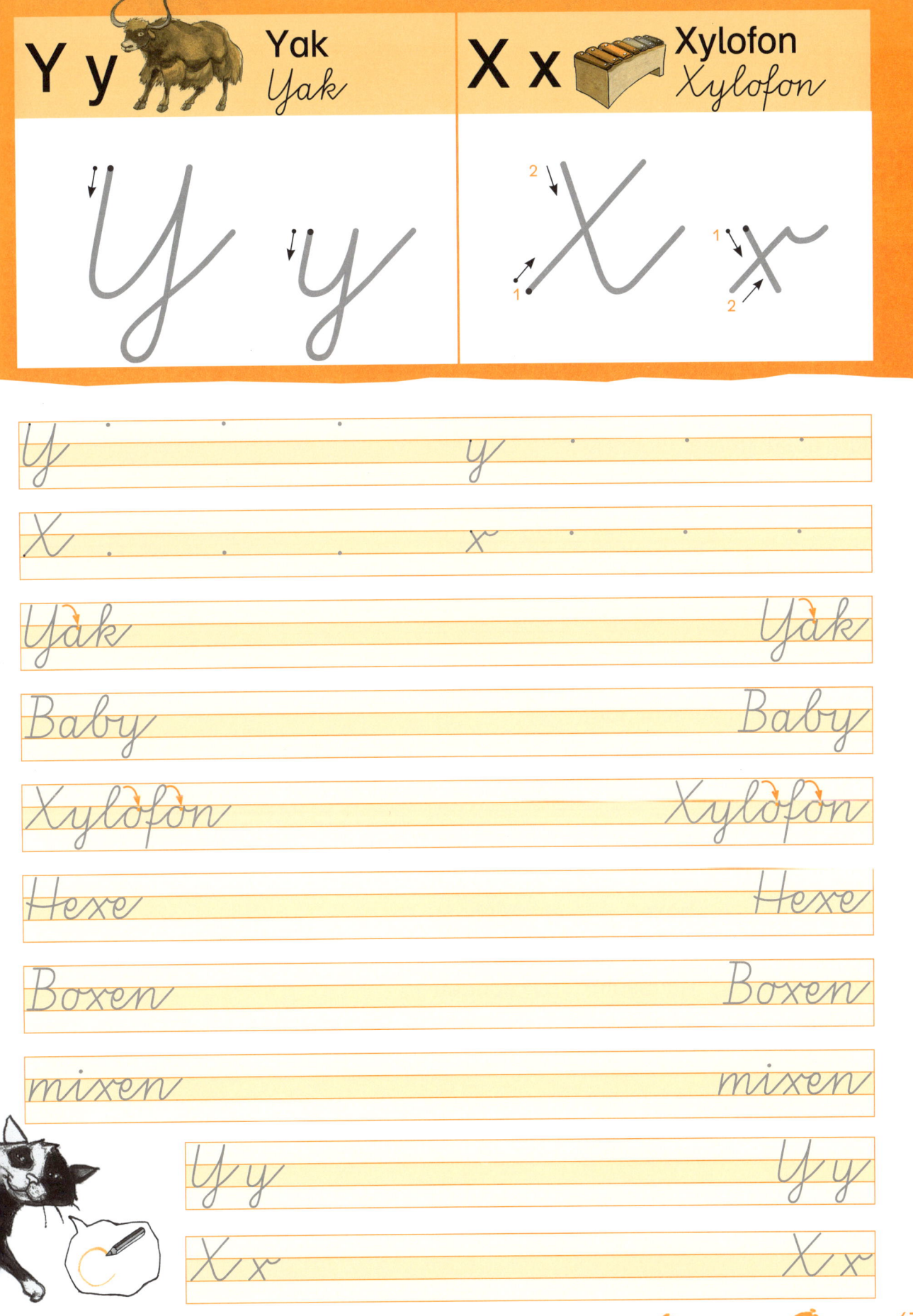

Y y Yak
Yak

X x Xylofon
Xylofon

Y y

X x

Yak · · · Yak

Baby · · · Baby

Xylofon · · · Xylofon

Hexe · · · Hexe

Boxen · · · Boxen

mixen · · · mixen

Y y · · · Y y

X x · · · X x

fix   fix

extra   extra

verflixt   verflixt

Taxi   Taxi

Ich esse gerne Quark.

Der Mixer mixt den Teig.

Das Baby quietscht laut.

Bilde lustige Sätze.

Boxer	boxen	viel
Hexen	hexen	gern
Quallen	quasseln	schnell
Ponys	quaken	selten

Schreibe auch deinen Namen.

Tinto

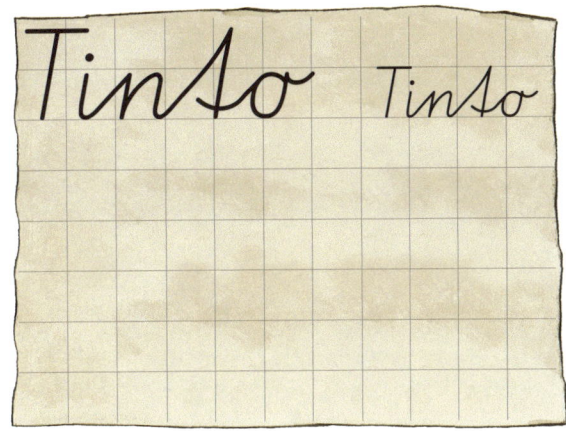

Tinto Tinto

So beschriftest du ein Heft.

Fach

Deutsch 1

Name

Markus

Klasse

Klasse 2 b

Name

Straße

Postleitzahl/ Ort

So beschriftest du einen Brief.

Äpfel, Öl, Übungen, Öfen, Ähre, Überschlag

Ä	Ö	Ü
Äpfel		

Laus · Zaun · Läuse · Sau · Zäune · Säue · Schlauch · Raum
Räume · Schläuche · Baum · Traum · Bäume · Träume

Einzahl	Mehrzahl
eine Maus	viele Mäuse
eine Sau	
eine Laus	
ein Zaun	

Zwei Ballone spazieren in der Wüste.
Da ruft der eine: „Achtung, Kaktussssss!"

_____

_____

_____

_____

Schreibe
in schönster
Schönschrift.

Bei Müllers gibt es Wackelpudding.
Jan sagt drohend: „Ja, zittere nur!
Ich esse dich trotzdem!"

_____

_____

_____

_____

Was Kinder tun!

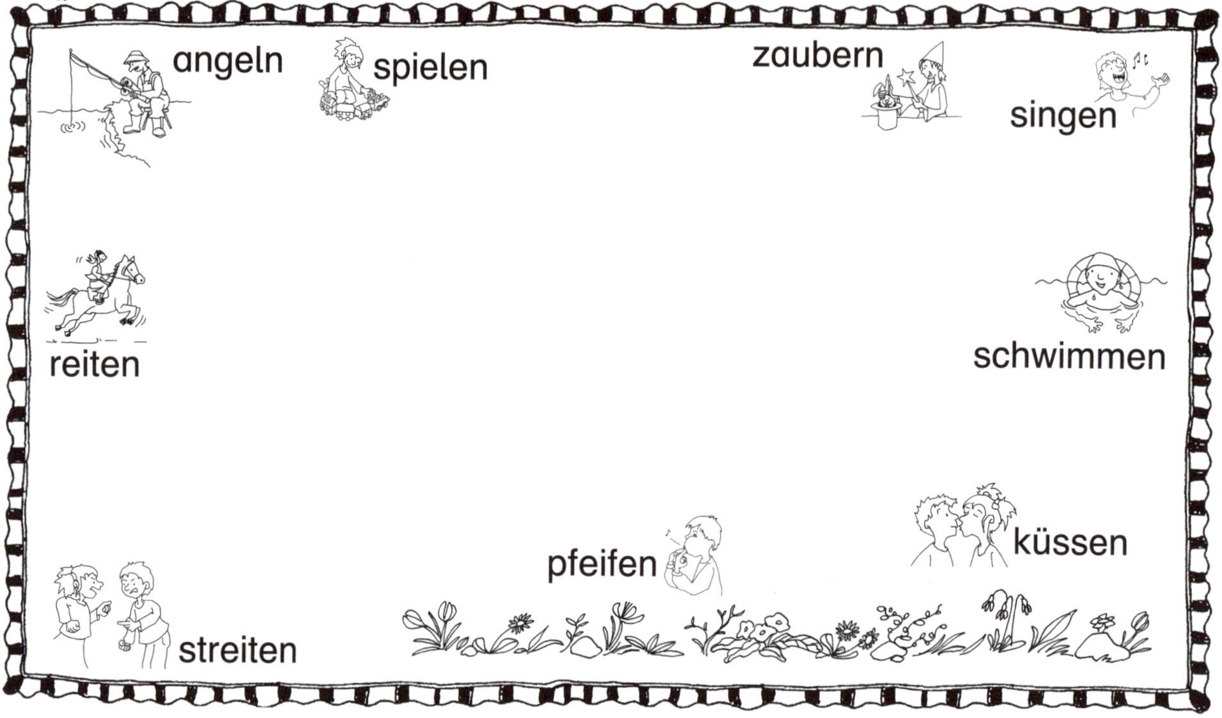

angeln   spielen   zaubern

singen

reiten

schwimmen

pfeifen

küssen

streiten

Das mache ich gern ...

Das mache ich nicht gern ...

Meine Telefonliste:

Name	Telefonnummer

Lieblingswörterliste

Mein Lieblingswort ist „Fisch".

A a *A a*

Apfel

B b *B b*

C c *C c*

D d *D d*

E e *E e*

F f *F f*

G g *G g*

H h *H h*

I i *J i*

J j _J j_ **K k** _K k_ **L l** _L l_

M m _M m_ **N n** _N n_ **O o** _O o_

P p _P p_ **Qu qu** _Qu qu_ **R r** _R r_

Du kannst auch Sätze mit deinen Lieblingswörtern bilden und aufschreiben.

S s *S s*   **T t** *T t*   **U u** *U u*

V v *V v*   **W w** *W w*   **X x** *X x*

Y y *Y y*   **Z z** *Z z*   *ß*